7.95

Barbara Jakob · Gemeinsam durchs Leben

Barbara Jakob

Gemeinsam durchs Leben
Zur Hochzeit viel Glück

Bildnachweis:
Umschlagbild: C. Palma
Innenbilder: S. 7: U. Kröner; S. 9: W. Baumann; S. 11, 19, 29, 43: H. Herfort;
S. 13: P. Kleff; S. 15, 21: W. Rauch; S. 17: R. Haak; S. 23: G. Weissing; S. 25:
W. Heidt; S. 27, 31: P. Jacobs; S. 33: M. Will; S. 35: M. Zimmermann; S. 37:
A. Will; S. 39: J. Selmeczi-Toth; S. 41: Th. Städler; S. 45: C. Palma; S. 47:
V. Rauch/IFA-Bilderteam

Die Deutsche Bibliothek – CIP-Einheitsaufnahme

Gemeinsam durchs Leben / Barbara Jakob. – Lahr : SKV-Ed., 1996
 (SKV-Bild-Text-Band ; 92655)
 ISBN 3-8256-2655-5
NE: GT

ISBN 3-8256-2655-5
SKV-Bild-Text-Band 92655
© 1996 by SKV-EDITION, Lahr
Gesamtherstellung:
St.-Johannis-Druckerei, 77922 Lahr
Printed in Germany   4504/1996

Liebes Hochzeitspaar,

von Herzen freue ich mich mit Euch! Ihr habt Euch gefunden und wollt nun gemeinsam durchs Leben gehen.
Ich möchte Euch auf Eurem gemeinsamen Weg mit einigen Gedanken und Anregungen begleiten. In unserer Ehe, die bald ein Vierteljahrhundert dauert, haben wir viele Erfahrungen gesammelt, die Euch vielleicht Ermutigung und Hilfe sein können in Euren ersten Jahren.
Darf ich Euch Mut machen, Eure Zweisamkeit fröhlich und mit viel Vertrauen zueinander und auf Gott zu beginnen? Mit gegenseitigem gutem Willen gibt es nichts Besseres und Erfüllenderes auf Erden, als miteinander das Leben zu meistern!
Dazu wünsche ich Euch Gottes reichen Segen!

Eure Barbara Jakob

Ihr habt Euch das Versprechen gegeben, Euer Leben miteinander zu teilen, zusammenzustehen in guten wie in schlechten Zeiten und Euch gegenseitig Liebe zu zeigen.
Das Eheversprechen ist eine Lebensaufgabe! Ein Leben lang habt Ihr Zeit, dieses gegenseitige Versprechen in die Tat umzusetzen. Dazu braucht es eine Ausrüstung wie für ein »Überlebenstraining«:
viel Elan und Freude,
Überzeugtsein vom anderen,
völliges Vertrauen in den Partner,
Durchhaltevermögen bei Durststrecken,
Geschicklichkeit bei Hindernissen,
Abenteuerlust.
Die Ehe ist eine fantastische Reise – setzt Euch beide in den Kopf, das Ziel gemeinsam erreichen zu wollen!
Ihr habt ein Leben lang Zeit.

Das Leben hat uns wieder!« mit diesem Seufzer könnte man den Zustand beschreiben, der nach der Zeit im siebten Himmel beginnt.

Ja, der Ernst des Lebens, der Alltag mit seiner Arbeit und den wichtigen und unwichtigen Angelegenheiten zieht Euch wieder in seinen Bann. Damit fängt auch die Aufgabe an, das gemeinsame Leben bewußt zu gestalten, zum Beispiel:

Sagt Euch jeden Tag etwas Liebes, Positives! – Unsere Welt ist so vom Negativen geprägt – und diese Welt könnt Ihr bei Euch ausklammern!

Vergeßt den Humor nicht! Wenn man gemeinsam lachen kann, auch über alltägliche Ungeschicklichkeiten, wird das Leben einfach leichter!

Berührt Euch immer wieder zärtlich. Das tut Ihr jetzt in Eurem Verliebtsein sicher noch oft, aber allzu schnell gehen liebevolle Berührungen in der Routine des Alltags verloren.

Ihr könnt noch viele andere Dinge erfinden, damit das Leben zur Freude wird!

Ihr heiratet nicht nur einander – auch Eure Familien! Jeder Mensch wird von seiner »Herkunftsfamilie« geprägt. Unsere Erziehung, der Umgang der Eltern miteinander, unsere Erfahrungen mit anderen Menschen, unsere Ausbildung, alles Schöne und Schwere unserer Vergangenheit bringen wir mit in die neue Beziehung hinein. Und gleichzeitig bleibt die Verbindung zu Eltern und Geschwistern mehr oder weniger intensiv bestehen.

Jetzt heißt es für Euch, daß Ihr aus all dem, was Euch mitgegeben wurde, eine neue, eigene Familie formt – miteinander. Übernehmt nicht einfach Dinge, weil sie »zu Hause« immer so gemacht wurden. Und erwartet nicht vom andern, daß er automatisch spüren sollte, was man selber denkt oder fühlt! Erzählt Euch von Euren Erfahrungen, und seid bereit, anerzogene Gewohnheiten in Frage zu stellen, damit wirklich etwas Neues entstehen kann. Es macht Freude, Partnerschaft gemeinsam zu leben und Familie zu werden!

Schafft Euch immer wieder »Liebes-Oasen«! Sie sind dazu da, unserer Liebe neue Impulse, Nahrung und Tiefe zu geben. Ohne Oasen wird unser Leben schnell zur Wüste.
Den kreativen Ideen für Oasen sind keine Grenzen gesetzt: Eine romantische Liebesnacht; ein überraschendes Rendezvous wie zur Zeit des Verliebtseins; ein gemeinsames Partner-Eis in einem Café; eine Wanderung im Mondschein; einen Liebesbrief auf dem Kopfkissen.
Es gibt tausend Ideen, dem Partner zu sagen:
Ich bin immer noch verliebt in Dich, auch wenn ich Dich schon lange liebe!

Lernt es, miteinander zu feiern! Gründe dafür gibt es genug: Der Tag Eurer ersten Begegnung, der Verlobungstag, der Hochzeitstag, ein Geburtstag, ein besonderer Erfolg im Beruf – oder einfach sonst einen besonders schönen Tag...
Es sind Gelegenheiten, Dankbarkeit zu zeigen und sich das Gute immer wieder zu sagen.
Klammert in solchen Zeiten alles aus, was Eure Gemeinsamkeit stören könnte: Das Telefon, andere Menschen, alle Probleme, die Euch bedrücken, und versucht, nur füreinander dazusein.
Gebt Eurer Zärtlichkeit, Eurer Erotik und Eurer Liebe immer wieder neue Nahrung, damit sie nicht verkümmern, damit Eure Freude aneinander immer wieder Auftrieb erhält.
Solche Stunden sind Investitionen in die Zukunft! Davon kann eine Ehe lange leben!

Liebe deinen Nächsten wie dich selbst.« Bei diesem Gebot verstand ich lange Zeit nur den ersten Teil. Ich dachte, wir müßten uns selbst aufgeben, um anderen zu dienen und für andere dazusein. Irgendwann wurde mir aber klar, daß ich nur dann andere Menschen wirklich annehmen und lieben kann, wenn ich mich selbst annehme und liebe!
In unserer Partnerschaft war meine fehlende Selbstannahme eine große Schwierigkeit. Ich kreiste oft um mich selber, brauchte ständig Bestätigung, die ich aber doch nicht glaubte, weil ich dachte, ich sei nicht liebenswert. Unsere Beziehung wurde erst richtig gesund, als es mir mehr und mehr gelang, mich selber so anzunehmen wie ich war – mit all meinen Schwächen, aber auch mit den Stärken! Ich entdeckte, daß Gott mich liebte, so wie er mich geschaffen hatte – und deshalb konnte und sollte ich mich auch selbst lieben!
Nur wenn ich mich annehme, liebe und geliebt weiß, kann ich Annahme und Liebe schenken.

Vergebung ist für die Ehe ebenso wichtig wie die Liebe. Ohne gegenseitige Vergebung gibt es keine dauerhafte Beziehung zwischen zwei Menschen. Wir sind alle fehlerhaft. Niemand ist perfekt – und deshalb sind wir alle immer wieder auf die vergebende Liebe der anderen angewiesen.

»Seid freundlich und hilfsbereit zueinander, und vergebt euren Mitmenschen, so wie Gott euch durch Christus vergeben hat«, heißt es in der Bibel.

Eigentlich ist es ganz einfach: Wir brauchen Vergebung für unsere Fehler, und wir müssen den anderen ihre Fehler vergeben.

Ein Lebensprinzip der Freiheit! Wenn Ihr das für Eure Ehe entdeckt, dann wird sie halten »bis daß der Tod Euch scheidet«!

Kommunikation ist mehr als miteinander reden – sie ist die ganze Mitteilung eines Menschen an den anderen. Sie umschließt alle Bereiche des Menschseins – äußere und innere. Also unsere Arbeitswelt, die Familie, die Finanzen, aber auch Gefühle, Empfindungen und persönliche Erlebnisse. Gönnt Euch deshalb Zeiten, in denen Ihr Euch immer wieder »erspüren« könnt.
Auch die Erwartungshaltung an unseren Partner ist bereits Kommunikation. In der Psychologie spricht man von »sich selbsterfüllenden Prophezeiungen«, was nichts anderes bedeutet, als daß das, was ich erwarte, oft auch eintrifft. Gerade deshalb sind positive Erwartungen für die Partnerschaft so wichtig:
Mein Partner ist der beste Mensch, den ich je finden konnte!
Wir passen gut zusammen, und unsere Unterschiede sind Ergänzungen.
Wir nörgeln nicht und versuchen, Probleme miteinander zu lösen.
Wir wollen nur das Beste füreinander.
Wir halten zusammen, egal was kommen mag.
In jedem von Euch liegt das Geheimis einer glücklichen Ehe.

Glück ist nur, daß man sich findet; daß man sich behält, ist harte Arbeit«, heißt ein Sprichwort.
Aber gibt es eine bessere »harte Arbeit«? Sind wir nicht dazu auf der Welt, um miteinander leben zu lernen? Mit Freude, Elan und Fröhlichkeit sollen wir uns in die Aufgabe des »Behaltens« hineingeben. Genauso wie Goldgräber oder Diamantenschleifer unglaubliche Strapazen auf sich nehmen, um die begehrten Metalle und Steine zu finden!
Der Alltag, andere Menschen, unsere Lebensumstände sind die Schleifmaschine, die immer wieder bei uns ansetzt, um den in uns versteckten Edelstein mit den Jahren ans Licht zu bringen. Erst durch den Schleifprozeß kommt das zum Vorschein, was wirklich in uns steckt an Liebe, Geduld, Freundlichkeit, Güte und Sanftmut!
Ich wünsche Euch, daß Ihr den Diamant im anderen täglich deutlicher entdeckt!

Konflikte gehören zu einer gesunden Partnerschaft. Ich erinnere mich über unser Entsetzen, als wir uns das erste Mal ganz heftig gestritten hatten! Wir dachten, die Welt würde aus den Fugen geraten!

Mit der Zeit lernten wir, Konflikte zu lösen und nicht schmollend zu warten, daß sie einfach vergingen. Über die Jahre lernten wir, einige ungeschriebene »Regeln« möglichst einzuhalten: Nicht mit angeheizten Emotionen Probleme lösen wollen, es geht immer schief! Und nie spätabends, wenn wir müde sind, Konfliktpunkte ansprechen. Und wenn sie doch aufkommen, versuchen wir die Diskussion zu stoppen, bevor wir Worte brauchen, die uns leid tun könnten.

An einem Konflikt sind immer beide beteiligt. Also überlegen wir, welchen Teil wir zum Problem beitragen und versuchen dann, eine Lösung oder einen Kompromiß zu finden.

Und eine ganz wichtige Regel steht in der Bibel: »Versündigt euch nicht, wenn ihr in Zorn geratet, und versöhnt euch wieder miteinander, bevor die Sonne untergeht.«

Wut und Zorn gehören zum Leben – gefährlich werden sie für die Ehe nur dann, wenn sich Bitterkeit und Groll im Herzen einnisten und Fehler nachgetragen werden!

Oft erwarten Menschen unbewußt von einer Partnerschaft die Lösung für ihre tiefsten Probleme. Sie fühlen sich einsam und suchen Zugehörigkeit. Sie benötigen jemanden, der sie aufbaut und suchen Bestätigung. Sie möchten, daß jemand für sie da ist, immer und zu jeder Zeit. Der Partner soll für das Glück garantieren und all das abdecken, was einem selber fehlt.
Welch eine Überforderung! Die Enttäuschungen werden nicht auf sich warten lassen. Denn niemand kann einem anderen Menschen das geben, was letztlich nur Gott uns schenken kann.
Sucht also nicht beim Partner die Erfüllung all Eurer Sehnsüchte, Sicherheit und Geborgenheit. Natürlich werdet Ihr dies einander bis zu einem gewissen Maß geben können. Aber sucht die Erfüllung und den Sinn Eures Lebens bei Gott und nicht bei Menschen.
Eva von Tiele-Winkler hat den Satz geprägt: »Sei kindlich abhängig von Gott und königlich unabhängig von den Menschen.« Wenn Ihr diese göttlich geschenkte Unabhängigkeit lebt, habt Ihr ein gesundes Fundament für Eure Partnerschaft!

Gegensätze ziehen sich an – solange man davon fasziniert ist. Wie ist sie begeistert von seiner brillanten Intellektualität! Und er ist von ihrer außerordentlichen künstlerischen Begabung fasziniert. Begeistert voneinander ziehen sie zusammen:
Seine Logik, wie eine Wohnung, ja sogar die Küchenschränke einzurichten seien, leuchtet ihr überhaupt nicht ein! Pedantisch genau plant er jedes kleinste Detail! Sie braucht doch das kreative Chaos, in dem ihre Ideen wachsen! Ihre fertigen Kunstwerke findet er nach wie vor gut, aber der Weg dazu...! Er braucht und will seine Ruhe, und sie möchte ständig mit Menschen zusammensein.
Versucht, Eure Gegensätze als göttliche Chancen für das persönliche Wachstum zu sehen. Es schadet ihr gar nicht, von seiner Logik zu profitieren. Seine Vorschläge könnten doch hilfreich sein! Und ihm hilft ihre Spontaneität und ihre Menschenliebe, kein eigenwilliger, kleinlicher Einzelgänger zu werden.
Setzt auf Eure Stärken, und laßt sie nicht plötzlich zu Stolpersteinen werden!

Wenn du wissen willst, wie die Männer sind, dann mußt du eine Frau sein. Willst du wissen, wie die Frauen sind, dann frage den lieben Gott!«
Dieser Hilfeschrei kann nur von einem Mann stammen! Und ich verstehe ihn sogar!
Wir Frauen sind doch die gefühlvollen, zärtlichen und intuitiven Wesen, ohne die der Mann nicht leben kann. Aber manchmal kann »mann« auch fast nicht mit »frau« leben. Es gibt Tage, da begreift er nicht, was sie eigentlich von ihm will. Sie möchte ständig reden und Komplimente hören. Sie möchte, daß er immer bei ihr ist. Ihre wechselnden Stimmungen heben seine Gefühlswelt aus den Angeln! Armer Mann!
Aus unserer Erfahrung kann ich nur sagen: Nicht erschrecken – solche Zeiten gibt es in jeder Ehe. Vielleicht braucht der Mann dann einfach mal seine Ruhe, bis die Stimmungen der Frau wieder zu ertragen sind. Und überhaupt: Es ist für den Mann einfach nicht möglich, das »unbekannte Wesen Frau« in seiner Komplexität je ganz zu verstehen. Gerade deshalb braucht »frau« auch ihre beste Freundin!

Welch eine Freude, einander gefunden zu haben!
Welch eine Freude, mit Phantasie gemeinsam eine Wohnung einzurichten!
Welche eine Freude, mit kreativen Ideen das Hochzeitsfest zu planen!
Welch eine Freude, beieinander zu sein!
Welch eine Freude, sich in die Augen zu schauen.
Welch eine Freude, sich in die Arme zu schließen.
Welch eine Freude, den Lebensweg gemeinsam gehen zu dürfen.
Ich wünsche Euch, daß die Freude bei Euch bleibt und alles andere immer wieder hell überstrahlt!

Streitkultur entwickeln« ist ein Schlagwort, das durch die Medien geisterte.
Streiten lernen hieß für uns, zu üben, unsere Wut angemessen auszudrücken. Also nicht herumzuschreien, Türen zuzuschlagen oder tagelang mit dem anderen nicht mehr zu reden. Schon während unserer Freundschaftszeit merkten wir, daß ich sehr harmoniebedürftig bin, während mein Mann ganz gerne Dinge bis ins letzte ausdiskutiert. Ich mußte lernen, meinen Standpunkt zu vertreten und durchzusetzen, und er mußte lernen, auch mal nachzugeben.
Bei Streit und Konflikten ist Versöhnung das wichtigste. Die Worte: »Es tut mir leid; ich bin schuld, kannst du mir verzeihen«, sind für die Ehe mindestens so wichtig wie: »Ich liebe dich.«
Wo Versöhnung nicht stattfindet, wird die Liebe sterben.

Freut Ihr Euch auf eigene Kinder? Ich wünsche sie Euch von Herzen! Ein Kind zu bekommen und zu erziehen, ist die größte und schönste Herausforderung für die Partnerschaft. Mit einem Kind wird sich Euer Alltag dramatisch verändern! Auf einmal ist da ein ganz kleiner Mensch in Eure Verantwortung gestellt! Ein jedes Kind wird Euch von Gott anvertraut, um es zu lieben, zu versorgen und zu erziehen. Jedes ist ein ganz einmaliges, besonderes Geschenk.

Kinder sind wichtig, aber die Partnerschaft ist wichtiger! Kinder kommen und gehen – und ich wünsche Euch, daß Ihr durch alle Jahre hindurch Freunde bleibt. Nur dann nämlich habt Ihr Euch noch etwas zu sagen, wenn das Nest wieder leer sein wird.

Über die Jahre werdet Ihr Euch verändern. Das läßt sich gar nicht vermeiden, weil wir als Menschen ja nicht stillstehen, sondern uns immer weiter entwickeln.
Gerade deshalb ist es wichtig, genügend Zeit miteinander zu verbringen! Auch gegenseitige, völlige Annahme ist entscheidend, damit ein gesundes Gleichgewicht besteht und sich nicht einer von Euch beiden als minderwertig vorkommt.
»Ein jeder achte den anderen höher als sich selbst«, werden wir in der Bibel aufgefordert. Auf dieser Basis dürfen dann auch Entwicklungen stattfinden, ohne daß die Ehe gefährdet ist.
Veränderungen können zu positiven Herausforderungen werden und müssen keine Bedrohung sein. Sie können das eigene Weiterkommen bereichern und die Liebe zueinander vertiefen.

Freundschaft ist ein wichtiger Bestandteil der Ehe. Zuerst einmal sollen wir einander Freund sein, aber auch die Freundschaften von früher pflegen.
Freundschaften bereichern eine Partnerschaft. Sucht Euch gemeinsam neue Freunde, mit denen Ihr ganz offen sein könnt, mit denen Ihr auch über Eure Beziehung sprechen könnt.
Gute Freunde verstehen und können durch ihre Ermutigung, ihre Annahme und Liebe viel Glück in Euer Leben bringen.
Ich wünsche Euch, daß Ihr zwei die besten Freunde seid und gemeinsam viele gute Freunde findet!

Die Ehe ist wie ein Garten! Dabei träume ich von einem wunderschönen, großen Garten mit Baumbestand, Gemüse- und Blumenbeeten, vielleicht auch mit einem Teich und einigen Fischen drin.

Euch beiden ist der Ehegarten nun anvertraut. Jeder wird seine Ecke haben, die ihm lieb und teuer ist und die er am liebsten selbst bebaut, ohne daß der andere dreinredet!

Aber es wird auch einen großen Teil geben, den Ihr gemeinsam beackert und bepflanzt. Ihr müßt besprechen, was, wie und wann Ihr säen, jäten und pflanzen wollt. Und dann sind da die lauschigen Ecken des Gartens, die nur Eurer Erholung dienen, wo Ihr Euch allein oder zu zweit zurückziehen könnt, um miteinander und beieinander zu sein, ein Buch zu lesen oder in der Stille die Schönheit der Natur zu genießen.

Ab und zu ladet Ihr Euch gegenseitig ein, Euren eigenen Teil des Gartens zu besichtigen. Ihr erklärt Eurem Partner, was da alles wächst und grünt und wann es erntereif sein wird.

Pflegt Euren Garten, damit alles darin wächst, gedeiht, blüht und reift! Ich wünsche Euch viel Freude dabei!

Kennt Ihr das, was noch wichtiger ist für eine Ehe als das wunderbare Gefühl der Liebe? Es ist die »Entscheidung zu lieben«!
In unserer Gesellschaft wird oft zu viel Gewicht auf unsere Gefühle gelegt. Unser Wohlstand erlaubt uns dies. Frühere Generationen mußten ums Überleben kämpfen und konnten nicht ständig mit einem Gefühlsbarometer die gegenwärtige Stimmung messen, so wie wir es oft tun.

Mit der »Entscheidung zu lieben« meine ich die bewußte gegenseitige Verpflichtung, auch dann zueinander zu halten, wenn sich in schwierigen Zeiten die Gefühle verflüchtigen wie Dampf. Ob die Probleme nun von außen oder innen kommen, spielt dabei keine Rolle. In jeder Ehe gibt es Zeiten, wo man am liebsten aufgeben und davonlaufen würde. Und leider tun das die Menschen heute viel zu schnell, weil sie die »Entscheidung zu lieben«, nicht getroffen haben.
Ich wünsche Euch diese bewußte Entscheidung immer wieder. Sie heißt: Ich entscheide mich, dich zu lieben,
auch wenn du manchmal schwierig bist,
auch wenn ich dich überhaupt nicht verstehen kann,
auch wenn du mich nicht verstehst,
auch wenn ich zur Zeit keine besonderen Gefühle für dich empfinde.
Ich entscheide mich, dich zu lieben, was immer auch sein mag!